Love from Ireland

Grá.

The Irish word for 'love'. A small word with a big connotation, it depicts what many believe to be the ultimate meaning of life.

This Grátitude journal will help you develop a 'grá' for gratitude - make writing in it a daily habit and watch your life change for the better.

People with a daily gratitude practice report a shift in perspective, increased levels of happiness and improvements in many areas of their lives. Giving thanks for the little things (which, arguably, are the big things) will reveal yet more things to be grateful for - that first sip of coffee in the morning; clean bed sheets; dancing in the kitchen to your favourite song; the smell of fresh-cut grass; a hug from someone you love. Take consistent action by writing in your Grátitude journal daily and you too will soon be feeling and seeing the benefits.

The journal is designed to require just five minutes of effort every day - five minutes to call out three things that you're grateful for. Journaling first thing in the morning is a great way to start your day; last thing at night works well too. You'll soon discover you've got so much in your life to be grateful for. Use it as a tool to change your way of thinking, transform your life and achieve your goals and dreams.

We've also added a touch of Irish philosophy with the inclusion of some well-known Irish sayings - some wise, some funny, and some a bit nonsensical that bizarrely make sense if you think about them for long enough!

So, grab your favourite pen and get ready to change your life!

Look to the future

Date: _________

One year from now I will:

Be ____

Have travelled to ___________________________________

Own ____

Be living ____

Have developed a new skill in ________________________

Have increased my __________________________________

Have decreased my _________________________________

Have achieved the following three goals:

1:
____

2:
____

3:
____

An attitude of gratitude

Write about some of the ways you can show your gratitude to other people

Week 1

I am grateful for   Date: __________

____

____

____

I am grateful for   Date: __________

____

____

____

I am grateful for   Date: __________

____

____

____

I am grateful for   Date: __________

____

____

____

I am grateful for   Date: __________

____

____

____

I am grateful for   Date: __________

____

____

____

I am grateful for   Date: __________

____

____

____

Irish Saying

'For each petal on the shamrock, this brings a wish your way:
Good health, good luck and happiness for today and every day.'

Week 2

I am grateful for   Date: _ _ _ _ _ _ _ _ _

_ _

_ _

_ _

I am grateful for   Date: _ _ _ _ _ _ _ _ _

_ _

_ _

_ _

I am grateful for   Date: _ _ _ _ _ _ _ _ _

_ _

_ _

_ _

I am grateful for   Date: _ _ _ _ _ _ _ _ _

_ _

_ _

_ _

I am grateful for   Date: _________

____

____

____

I am grateful for   Date: _________

____

____

____

I am grateful for   Date: _________

____

____

____

Irish Saying

'A kind word never broke anyone's mouth.'

Week 3

I am grateful for   Date: _ _ _ _ _ _ _ _ _

____

____

____

I am grateful for   Date: _ _ _ _ _ _ _ _ _

____

____

____

I am grateful for   Date: _ _ _ _ _ _ _ _ _

____

____

____

I am grateful for   Date: _ _ _ _ _ _ _ _ _

____

____

____

I am grateful for   Date: _ _ _ _ _ _ _ _ _ _

_ _

_ _

_ _

I am grateful for   Date: _ _ _ _ _ _ _ _ _ _

_ _

_ _

_ _

I am grateful for   Date: _ _ _ _ _ _ _ _ _ _

_ _

_ _

_ _

Irish Saying

'A cabin with plenty of food is better than a hungry castle.'

Week 4 

I am grateful for   Date: _ _ _ _ _ _ _ _ _

_ _

_ _

_ _

I am grateful for   Date: _ _ _ _ _ _ _ _ _

_ _

_ _

_ _

I am grateful for   Date: _ _ _ _ _ _ _ _ _

_ _

_ _

_ _

I am grateful for   Date: _ _ _ _ _ _ _ _ _

_ _

_ _

_ _

I am grateful for   Date: __________

I am grateful for   Date: __________

I am grateful for   Date: __________

Irish Saying

'Beautiful young people are acts of nature but
beautiful old people are works of art.'

Pause for thought

The best thing that happened today was

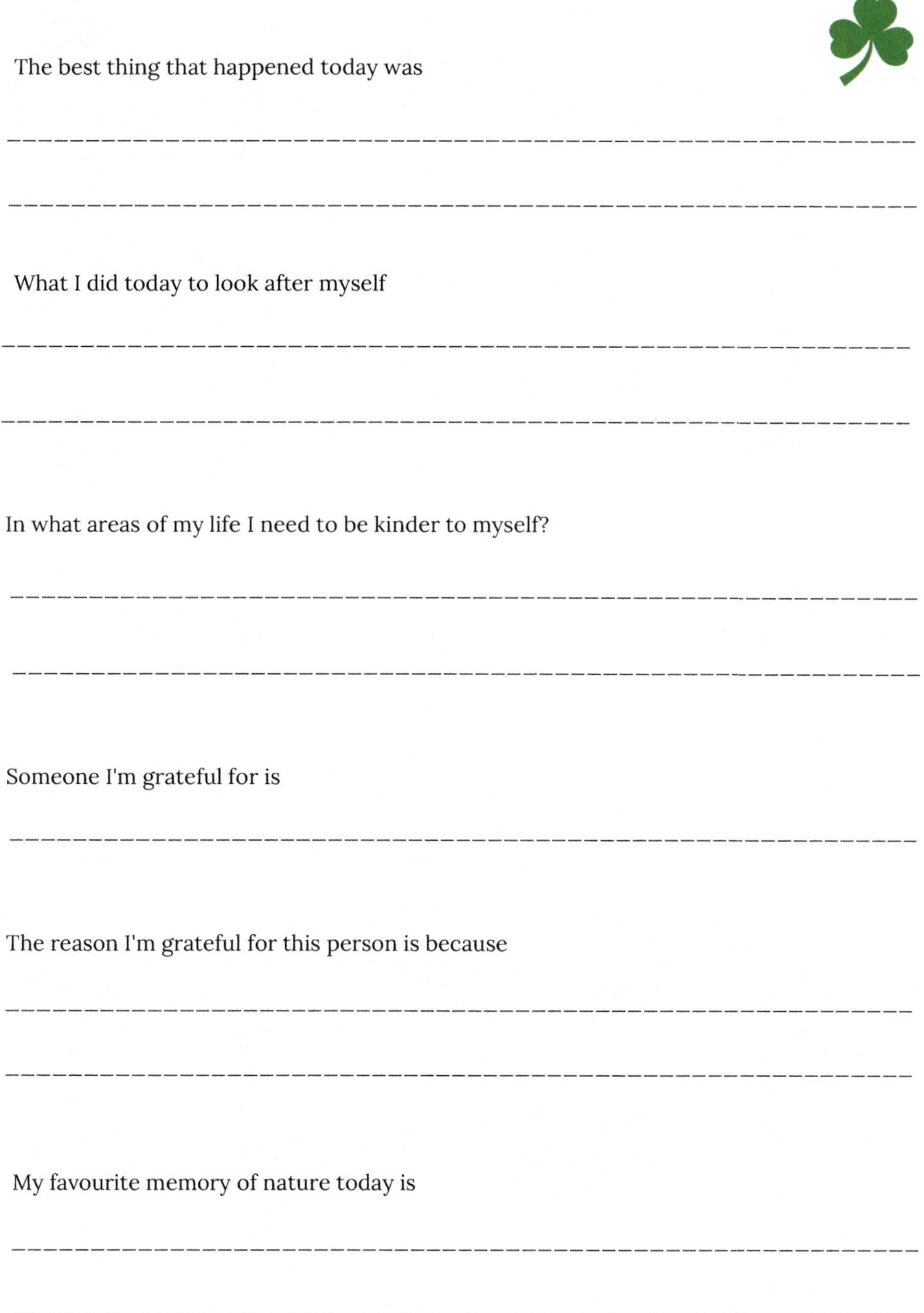

What I did today to look after myself

In what areas of my life I need to be kinder to myself?

Someone I'm grateful for is

The reason I'm grateful for this person is because

My favourite memory of nature today is

Week 5

I am grateful for   Date: _________

____

____

____

I am grateful for   Date: _________

____

____

____

I am grateful for   Date: _________

____

____

____

I am grateful for   Date: _________

____

____

____

I am grateful for   Date: __________

I am grateful for   Date: __________

I am grateful for   Date: __________

Irish Saying

'Níl aon tintéan mar do thintéan fhéin.'
There's no place like home.
(Literal translation: 'There's no fireplace
like your own fireplace.')

Week 6

I am grateful for

Date: _ _ _ _ _ _ _ _ _

____

____

____

I am grateful for

Date: _ _ _ _ _ _ _ _ _

____

____

____

I am grateful for

Date: _ _ _ _ _ _ _ _ _

____

____

____

I am grateful for

Date: _ _ _ _ _ _ _ _ _

____

____

____

I am grateful for   Date: __________

I am grateful for   Date: __________

I am grateful for   Date: __________

Irish Saying

'Aithníonn ciaróg ciaróg eile.'
It takes one to know one.
(Literal translation: 'One beetle
recognises another.')

I am grateful for   Date: _ _ _ _ _ _ _ _ _

_ _

_ _

_ _

I am grateful for   Date: _ _ _ _ _ _ _ _ _

_ _

_ _

_ _

I am grateful for   Date: _ _ _ _ _ _ _ _ _

_ _

_ _

_ _

I am grateful for   Date: _ _ _ _ _ _ _ _ _

_ _

_ _

_ _

I am grateful for   Date: _ _ _ _ _ _ _ _ _

_ _

_ _

_ _

I am grateful for   Date: _ _ _ _ _ _ _ _ _

_ _

_ _

_ _

I am grateful for   Date: _ _ _ _ _ _ _ _ _

_ _

_ _

_ _

Irish Saying

'May you be at the gates of heaven half an hour before
the Devil knows you're dead.'

Week 8 

I am grateful for   Date: __________

____

____

____

I am grateful for   Date: __________

____

____

____

I am grateful for   Date: __________

____

____

____

I am grateful for   Date: __________

____

____

____

I am grateful for   Date: ___________

I am grateful for   Date: ___________

I am grateful for   Date: ___________

Irish Saying

'Beware of the anger of a patient man.'

Be here now

Sit quietly in stillness for 10 minutes and log the following things about your surroundings

I hear

I see

I feel

I am

Week 9 

I am grateful for   Date: __________

____

____

____

I am grateful for   Date: __________

____

____

____

I am grateful for   Date: __________

____

____

____

I am grateful for   Date: __________

____

____

____

I am grateful for   Date: ___________

I am grateful for   Date: ___________

I am grateful for   Date: ___________

Irish Saying

'I complained that I had no shoes until I met a man who had no feet.'

Week 10

I am grateful for   Date: __________

____

____

____

I am grateful for   Date: __________

____

____

____

I am grateful for   Date: __________

____

____

____

I am grateful for   Date: __________

____

____

____

I am grateful for   Date: __________

____

____

____

I am grateful for   Date: __________

____

____

____

I am grateful for   Date: __________

____

____

____

Irish Saying

'If you're lucky enough to be Irish, you're lucky enough.'

Week 11

I am grateful for   Date: __________

____

____

____

I am grateful for   Date: __________

____

____

____

I am grateful for   Date: __________

____

____

____

I am grateful for   Date: __________

____

____

____

I am grateful for   Date: __________

____

____

____

I am grateful for   Date: __________

____

____

____

I am grateful for   Date: __________

____

____

____

Irish Saying

'Mol an óige agus tiocfaidh sí.'
Praise the youth and they will flourish.

Week 12 

I am grateful for   Date: __________

____

____

____

I am grateful for   Date: __________

____

____

____

I am grateful for   Date: __________

____

____

____

I am grateful for   Date: __________

____

____

____

I am grateful for   Date: ____________

____

____

____

I am grateful for   Date: ____________

____

____

____

I am grateful for   Date: ____________

____

____

____

Irish Saying

'May your troubles be less and your blessings be more,
And nothing but happiness come through your door.'

Life MOT

Five things I love about my life

1.

2.

3.

4.

5.

One thing I will change about my life in the next month is

1.

I commit to changing the following two things about my life in the next
three months

1.

2.

I promise to contact the following three people from my past within the
next month to let them know I'm thinking of them

1.

2.

3.

Week 13 

I am grateful for   Date: _________

____

____

____

I am grateful for   Date: _________

____

____

____

I am grateful for   Date: _________

____

____

____

I am grateful for   Date: _________

____

____

____

I am grateful for   Date: ___________

____

____

____

I am grateful for   Date: ___________

____

____

____

I am grateful for   Date: ___________

____

____

____

Irish Saying

'Do not resent growing old. Many are denied the privilege.'

Week 14

I am grateful for

Date: _ _ _ _ _ _ _ _ _ _

_ _

_ _

_ _

I am grateful for

Date: _ _ _ _ _ _ _ _ _ _

_ _

_ _

_ _

I am grateful for

Date: _ _ _ _ _ _ _ _ _ _

_ _

_ _

_ _

I am grateful for

Date: _ _ _ _ _ _ _ _ _ _

_ _

_ _

_ _

I am grateful for   Date: __________

I am grateful for   Date: __________

I am grateful for   Date: __________

Irish Saying

'Ní neart go cur le chéile.'
There is strength in unity / We are better together.

Week 15 

I am grateful for   Date: __________

____

____

____

I am grateful for   Date: __________

____

____

____

I am grateful for   Date: __________

____

____

____

I am grateful for   Date: __________

____

____

____

I am grateful for   Date: __________

I am grateful for   Date: __________

I am grateful for   Date: __________

Irish Saying

'It's better to pay the butcher than the doctor.'
It's better to invest in good food than to eat bad food and
have poor health as a result.

Week 16

I am grateful for   Date: __________

I am grateful for   Date: __________

I am grateful for   Date: __________

I am grateful for   Date: __________

I am grateful for   Date: __________

I am grateful for   Date: __________

I am grateful for   Date: __________

Irish Saying

'Many a ship is lost within sight of the harbour.'
Don't let your guard down no matter how safe things may be.

Reflections

Someone who makes a difference in my life is

____

____

Someone whose life I make a difference to is

____

____

Today is the first day that I

____

____

Today is the last day that I

____

____

A limiting story I tell myself is that I

____

____

I can change that limiting story by

____

____

Week 17

I am grateful for   Date: __________

____

____

____

I am grateful for   Date: __________

____

____

____

I am grateful for   Date: __________

____

____

____

I am grateful for   Date: __________

____

____

____

I am grateful for   Date: __________

____

____

____

I am grateful for   Date: __________

____

____

____

I am grateful for   Date: __________

____

____

____

Irish Saying

'Is minic a bhris béal duine a shrón.'
Many a time a man's mouth broke his nose.

Week 18

I am grateful for   Date: __________

____

____

____

I am grateful for   Date: __________

____

____

____

I am grateful for   Date: __________

____

____

____

I am grateful for   Date: __________

____

____

____

I am grateful for   Date: _________

I am grateful for   Date: _________

I am grateful for   Date: _________

Irish Saying

'Tús maith, leath na hoibre.'

A good start is half the battle.

(Literal translation: A good start is half the work.)

Week 19

I am grateful for   Date: __________

____

____

____

I am grateful for   Date: __________

____

____

____

I am grateful for   Date: __________

____

____

____

I am grateful for   Date: __________

____

____

____

I am grateful for   Date: __________

____

____

____

I am grateful for   Date: __________

____

____

____

I am grateful for   Date: __________

____

____

____

Irish Saying

'Wisdom is the comb given to a man after he has lost his hair.'

Week 20

I am grateful for   Date: ___________

____

____

____

I am grateful for   Date: ___________

____

____

____

I am grateful for   Date: ___________

____

____

____

I am grateful for   Date: ___________

____

____

____

I am grateful for   Date: ___________

____

____

____

I am grateful for   Date: ___________

____

____

____

I am grateful for   Date: ___________

____

____

____

Irish Saying

'A good laugh and a long sleep are the two best cures.'

Give
thanks

Write a letter to someone in your life to thank them for helping you, being there for you, supporting you, making your life better

Week 21

I am grateful for   Date: ___________

____

____

____

I am grateful for   Date: ___________

____

____

____

I am grateful for   Date: ___________

____

____

____

I am grateful for   Date: ___________

____

____

____

I am grateful for   Date: __________

____

____

____

I am grateful for   Date: __________

____

____

____

I am grateful for   Date: __________

____

____

____

Irish Saying

'Never scald your lips with another man's porridge.'

Week 22

I am grateful for   Date: _________

I am grateful for   Date: _________

I am grateful for   Date: _________

I am grateful for   Date: _________

I am grateful for   Date: _________

____

____

____

I am grateful for   Date: _________

____

____

____

I am grateful for   Date: _________

____

____

____

Irish Saying

'May the roof above you never fall in and those gathered
beneath it never fall out.'

Week 23

I am grateful for   Date: __________

____

____

____

I am grateful for   Date: __________

____

____

____

I am grateful for   Date: __________

____

____

____

I am grateful for   Date: __________

____

____

____

I am grateful for   Date: __________

____

____

____

I am grateful for   Date: __________

____

____

____

I am grateful for   Date: __________

____

____

____

Irish Saying

'A little fire that warms is better than a big fire that burns.'

Week 24

I am grateful for   Date: __________

I am grateful for   Date: __________

I am grateful for   Date: __________

I am grateful for   Date: __________

I am grateful for Date: _ _ _ _ _ _ _ _ _

_ _

_ _

_ _

I am grateful for Date: _ _ _ _ _ _ _ _ _

_ _

_ _

_ _

I am grateful for Date: _ _ _ _ _ _ _ _ _

_ _

_ _

_ _

Irish Saying

'Nuair a bhíonn an fíon istigh, bíonn an ciall amuigh.'
When the wine is in, the sense is out.

Call out your supporters

Make a list of all the people in your life who are there for you and the ways they support you

____

____

____

____

____

____

____

____

____

____

____

____

____

____

Week 25  

I am grateful for

Date: __________

I am grateful for

Date: __________

I am grateful for

Date: __________

I am grateful for

Date: __________

I am grateful for   Date: ___________

I am grateful for   Date: ___________

I am grateful for   Date: ___________

Irish Saying

'More power to your elbow.'
Well done, you! / Go on!

Week 26

I am grateful for   Date: __________

____

____

____

I am grateful for   Date: __________

____

____

____

I am grateful for   Date: __________

____

____

____

I am grateful for   Date: __________

____

____

____

I am grateful for   Date: ___________

____

____

____

I am grateful for   Date: ___________

____

____

____

I am grateful for   Date: ___________

____

____

____

Irish Saying

'As you slide down the banister of life, may the
splinters never point the wrong way.'

Week 27

I am grateful for   Date: __________

____

____

____

I am grateful for   Date: __________

____

____

____

I am grateful for   Date: __________

____

____

____

I am grateful for   Date: __________

____

____

____

I am grateful for   Date: __________

____

____

____

I am grateful for   Date: __________

____

____

____

I am grateful for   Date: __________

____

____

____

Irish Saying

'Wishing you a pot o' gold, and all the joy your heart can hold.'

Week 28

I am grateful for   Date: _________

____

____

____

I am grateful for   Date: _________

____

____

____

I am grateful for   Date: _________

____

____

____

I am grateful for   Date: _________

____

____

____

I am grateful for

Date: __________

I am grateful for

Date: __________

I am grateful for

Date: __________

Irish Saying

'When the apple is ripe, it will fall.'
When the time is right, it will happen.

Send some positive
vibes

Make a list of people that you love and then, one by one, think of them and send them some positive vibes

Week 29

I am grateful for   Date: ___________

I am grateful for   Date: ___________

I am grateful for   Date: ___________

I am grateful for   Date: ___________

I am grateful for   Date: __________

____

____

____

I am grateful for   Date: __________

____

____

____

I am grateful for   Date: __________

____

____

____

Irish Saying

'They didn't lick it off the grass.'
They are just like their father/mother/grandfather/grandmother.

Week 30

I am grateful for   Date: ___________

____

____

____

I am grateful for   Date: ___________

____

____

____

I am grateful for   Date: ___________

____

____

____

I am grateful for   Date: ___________

____

____

____

I am grateful for   Date: __________

I am grateful for   Date: __________

I am grateful for   Date: __________

Irish Saying

'If he fell into the river, he'd come out with a salmon.'
He's a lucky man.

Week 31

I am grateful for   Date: __________

____

____

____

I am grateful for   Date: __________

____

____

____

I am grateful for   Date: __________

____

____

____

I am grateful for   Date: __________

____

____

____

I am grateful for   Date: ___________

I am grateful for   Date: ___________

I am grateful for   Date: ___________

Irish Saying

'You never miss the water 'til the well runs dry.'
You don't appreciate what you have 'til it's gone.

Week 32

I am grateful for   Date: __________

I am grateful for   Date: __________

I am grateful for   Date: __________

I am grateful for   Date: __________

I am grateful for   Date: _ _ _ _ _ _ _ _

____

____

____

I am grateful for   Date: _ _ _ _ _ _ _ _

____

____

____

I am grateful for   Date: _ _ _ _ _ _ _ _

____

____

____

Irish Saying

'If you dig a grave for others, you might fall into it yourself.'
Spite is a dangerous thing.

Tune into your
highest frequency

Write about some of the ways you can show your gratitude to other people

Week 33

I am grateful for   Date: __________

I am grateful for   Date: __________

I am grateful for   Date: __________

I am grateful for   Date: __________

I am grateful for   Date: __________

I am grateful for   Date: __________

I am grateful for   Date: __________

Irish Saying

'You'll never plough a field by turning it over in your mind.'
Stop thinking and start acting.

Week 34 

I am grateful for   Date: __________

____

____

____

I am grateful for   Date: __________

____

____

____

I am grateful for   Date: __________

____

____

____

I am grateful for   Date: __________

____

____

____

I am grateful for

Date: _________

I am grateful for

Date: _________

I am grateful for

Date: _________

Irish Saying

'The longest road out is the shortest road home.'
Time and effort always pays off in the end.

Week 35

I am grateful for   Date: __________

____

____

____

I am grateful for   Date: __________

____

____

____

I am grateful for   Date: __________

____

____

____

I am grateful for   Date: __________

____

____

____

I am grateful for   Date: ___________

____

____

____

I am grateful for   Date: ___________

____

____

____

I am grateful for   Date: ___________

____

____

____

Irish Saying

'A friend's eye is a good mirror.'
Trust a friend's opinion.

Week 36

I am grateful for

Date: __________

____

____

____

I am grateful for

Date: __________

____

____

____

I am grateful for

Date: __________

____

____

____

I am grateful for

Date: __________

____

____

____

I am grateful for   Date: __________

I am grateful for   Date: __________

I am grateful for   Date: __________

Irish Saying

'A windy day is not a day for thatching.'
Don't plan for the future in times of uncertainty.

Take a deep breath

Write about ways you can take time for yourself to restore your body and mind

I am grateful for   Date: __________

I am grateful for   Date: __________

I am grateful for   Date: __________

I am grateful for   Date: __________

I am grateful for   Date: __________

____

____

____

I am grateful for   Date: __________

____

____

____

I am grateful for   Date: __________

____

____

____

Irish Saying

'May you have the health to wear it.'

Week 38

I am grateful for   Date: __________

____

____

____

I am grateful for   Date: __________

____

____

____

I am grateful for   Date: __________

____

____

____

I am grateful for   Date: __________

____

____

____

I am grateful for   Date: _________

____

____

____

I am grateful for   Date: _________

____

____

____

I am grateful for   Date: _________

____

____

____

Irish Saying

'You must crack the nuts before you can eat the kernel.'
Success takes hard work.

Week 39

I am grateful for

Date: __________

I am grateful for

Date: __________

I am grateful for

Date: __________

I am grateful for

Date: __________

I am grateful for

Date: __________

____

____

____

I am grateful for

Date: __________

____

____

____

I am grateful for

Date: __________

____

____

____

Irish Saying

'A wild goose never reared a tame gosling.'
Children learn by example.

Week 40

I am grateful for

Date: ___________

I am grateful for

Date: ___________

I am grateful for

Date: ___________

I am grateful for

Date: ___________

I am grateful for   Date: __________

____

____

____

I am grateful for   Date: __________

____

____

____

I am grateful for   Date: __________

____

____

____

Irish Saying

'A trout in the pot is better than a salmon in the sea.'
Be thankful for what you have rather than chasing after what
you can never get.

Let it go and
lighten the load

Think of something that happened in the past that still has power over you. You cannot change this past experience but you can change the narrative you tell yourself about it. What have you learned from this experience? Give thanks for this.

Week 41

I am grateful for   Date: __________

____

____

____

I am grateful for   Date: __________

____

____

____

I am grateful for   Date: __________

____

____

____

I am grateful for   Date: __________

____

____

____

I am grateful for   Date: __________

____

____

____

I am grateful for   Date: __________

____

____

____

I am grateful for   Date: __________

____

____

____

Irish Saying

'An old broom knows the dirty corners best.'
Wisdom comes with experience.

Week 42

I am grateful for   Date: ___________

____

____

____

I am grateful for   Date: ___________

____

____

____

I am grateful for   Date: ___________

____

____

____

I am grateful for   Date: ___________

____

____

____

I am grateful for   Date: ___________

____

____

____

I am grateful for   Date: ___________

____

____

____

I am grateful for   Date: ___________

____

____

____

Irish Saying

'Any man can lose his hat in a fairy wind.'
Some things are out of anyone's control.

Week 43

I am grateful for   Date: __________

____

____

____

I am grateful for   Date: __________

____

____

____

I am grateful for   Date: __________

____

____

____

I am grateful for   Date: __________

____

____

____

I am grateful for   Date: _ _ _ _ _ _ _ _

_ _

_ _

_ _

I am grateful for   Date: _ _ _ _ _ _ _ _

_ _

_ _

_ _

I am grateful for   Date: _ _ _ _ _ _ _ _

_ _

_ _

_ _

Irish Saying

'The cat is always dignified until the dog comes by.'
Everyone has something or someone that makes them angry.

Week 44

I am grateful for   Date: __________

____

____

____

I am grateful for   Date: __________

____

____

____

I am grateful for   Date: __________

____

____

____

I am grateful for   Date: __________

____

____

____

I am grateful for   Date: __________

____

____

____

I am grateful for   Date: __________

____

____

____

I am grateful for   Date: __________

____

____

____

Irish Saying

'Wide is the door of the little cottage.'
It is often poor people who are most generous.

Take
action

Set yourself three short-term (2 weeks), three medium-term (3-6 months) and three longer-term (2-3 years) goals

Short-Term Goals (2 Weeks)

Medium-Term Goals (3-6 Months)

Longer-Term Goals (2-3 Years)

Week 45

I am grateful for   Date: _________

____

____

____

I am grateful for   Date: _________

____

____

____

I am grateful for   Date: _________

____

____

____

I am grateful for   Date: _________

____

____

____

I am grateful for   Date: _ _ _ _ _ _ _ _ _

I am grateful for   Date: _ _ _ _ _ _ _ _ _

I am grateful for   Date: _ _ _ _ _ _ _ _ _

Irish Saying

'Is fada an bóthar nach bhfuil aon chasadh ann.'
Be nice to people because you never know
when you might meet/need them in the future.
(Literal translation: It's a long road that has no turn in it.)

I am grateful for   Date: _ _ _ _ _ _ _ _ _ _

I am grateful for   Date: _ _ _ _ _ _ _ _ _ _

I am grateful for   Date: _ _ _ _ _ _ _ _ _ _

I am grateful for   Date: _ _ _ _ _ _ _ _ _ _

I am grateful for   Date: _ _ _ _ _ _ _ _ _

_ _

_ _

_ _

I am grateful for   Date: _ _ _ _ _ _ _ _ _

_ _

_ _

_ _

I am grateful for   Date: _ _ _ _ _ _ _ _ _

_ _

_ _

_ _

Irish Saying

'Cur síoda ar ghabhar agus is gabhar i gcónaí é.'
Put silk on a goat and it's still a goat.

Week 47

I am grateful for   Date: _________

I am grateful for   Date: _________

I am grateful for   Date: _________

I am grateful for   Date: _________

I am grateful for   Date: __________

I am grateful for   Date: __________

I am grateful for   Date: __________

Irish Saying

'Don't be breaking your shin on a stool that's not in your way.'
Don't make trouble for yourself unnecessarily.

Week 48

I am grateful for   Date: __________

I am grateful for   Date: __________

I am grateful for   Date: __________

I am grateful for   Date: __________

I am grateful for   Date: __________

____

____

____

I am grateful for   Date: __________

____

____

____

I am grateful for   Date: __________

____

____

____

Irish Saying

'A turkey never voted for an early Christmas.'

Your vibe attracts
your tribe

If you were to manifest the perfect day, what would it be? Describe it in
as much detail as possible, using all of your senses.

Week 49

I am grateful for   Date: ____________

I am grateful for   Date: ____________

I am grateful for   Date: ____________

I am grateful for   Date: ____________

I am grateful for   Date: __________

____

____

____

I am grateful for   Date: __________

____

____

____

I am grateful for   Date: __________

____

____

____

Irish Saying

'If it's drowning you're after, don't torment yourself with shallow water.'
If you're going to do something, do it properly.

Week 50

I am grateful for   Date: __________

I am grateful for   Date: __________

I am grateful for   Date: __________

I am grateful for   Date: __________

I am grateful for   Date: __________

____

____

____

I am grateful for   Date: __________

____

____

____

I am grateful for   Date: __________

____

____

____

Irish Saying

'Lose an hour in the morning and you'll be looking for it all day.'

Week 51

I am grateful for   Date: __________

I am grateful for   Date: __________

I am grateful for   Date: __________

I am grateful for   Date: __________

I am grateful for   Date: __________

____

____

____

I am grateful for   Date: __________

____

____

____

I am grateful for   Date: __________

____

____

____

Irish Saying

'May you live as long as you want, and
never want as long as you live.'

Week 52

I am grateful for　　　　　　　　　　　　　Date: _________

I am grateful for　　　　　　　　　　　　　Date: _________

I am grateful for　　　　　　　　　　　　　Date: _________

I am grateful for　　　　　　　　　　　　　Date: _________

I am grateful for   Date: __________

I am grateful for   Date: __________

I am grateful for   Date: __________

Irish Saying

'The older the fiddle, the sweeter the tune.'
Things get better with age.

Reflect on how
far you've come

Date: _________

Review the list you made 52 weeks ago on page 3. Have you achieved
everything you set out to? Make a note below.

I now

Am ____

Have travelled to _______________________________________

Own ____

Am living ____

Have developed a new skill in ____________________________

Have increased my _______________________________________

Have decreased my _______________________________________

 Have achieved the following three goals:

1:
____

2:
____

3:
____

Reflect on how far you've come and write about how you feel about your journey over the past year.

It's time to order your next Grátitude journal!

Printed in Great Britain
by Amazon